# ÉPIGRAPHIE PHÉNICIENNE.

PARIS. — IMPR. V. GOUPY ET COMPᵉ, RUE GARANCIÈRE, 5.

# ÉPIGRAPHIE PHÉNICIENNE

## EXAMEN DES INSCRIPTIONS

# D'OUMM-EL-AWAMID

### EXPLIQUÉES PAR M. RENAN

## Par M. l'abbé LE HIR

PROFESSEUR D'HÉBREU AU SÉMINAIRE DE SAINT-SULPICE.

PARIS

CHARLES DOUNIOL, LIBRAIRE-EDITEUR

29, RUE DE TOURNON, 29

1864

# ÉPIGRAPHIE PHÉNICIENNE

Deux inscriptions [1] que M. Renan a rapportées de son voyage sur les côtes d'Asie, et qu'il a publiées, avec traduction et commentaire, dans le *Journal Asiatique* [2], sont l'occasion et l'objet principal de ce mémoire. J'ai lu ce que M. l'abbé Bargès, à Paris [3], M. le docteur Lévy, à Breslau [4], ont écrit depuis sur le même sujet. Après eux, il m'a semblé qu'il restait encore quelque chose à dire. J'ai profité aussi des remarques insérées par le R. P. Bourquenoud dans les *Études religieuses, historiques et littéraires*, publiées par des Pères de la Compagnie de Jésus [5]. Ce savant religieux a su donner une leçon d'orthographe hébraïque à l'homme qui fait de l'hébreu sa *spécialité scientifique*, et qui s'est imposé *la tâche scientifique de relever les anciennes études sémitiques de la nullité dont elles sont depuis long-temps frappées parmi nous* [6]. Mais il ne s'est pas borné là. Il a traité certains points d'histoire et de mythologie avec une érudition que M. Renan n'a pu méconnaître. Il y a joint sur le sens de quelques termes phéniciens, des observations justes et fines dont il faudra tenir compte [7].

[1] Je ne parle pas de la troisième, fragment très-court qui ne renferme aucune obscurité.

[2] Trois inscriptions phéniciennes trouvées à Oumm-El-Awamid. Sept.-Oct. 1862.

[3] Observations sur les inscriptions phéniciennes du musée Napoléon III, dans le *Journal Asiat.* Août-Sept. 1863.

[4] *Phœnizische Studien*, drittes Heft, 1864.

[5] Décemb. 1863.

[6] Lettre de M. Renan à M. le Ministre de l'instruction publique, 2 juin 1864.

[7] Les formes צוּר et בַּעְלְשָׁמַר ne sont pas discutables, au point de vue de l'usage et de l'analogie. La forme d'adjectif נֵעָם est également à rejeter. אַיֵת en deux syllabes n'est pas plus admissible, à mon avis. Yth est la prononciation de Plaute, et cette prononciation est la seule qui s'accorde avec la double forme hébraïque אֵת et אוֹת, comme tenant le milieu entre les deux. La forme aramécenne יַת est elle-même monosyllabique. Enfin l'on peut soupçonner dans cette particule, signe de l'objectif, un rapport d'analogie avec le signe de la voix passive ou moyenne dans toutes les langues sémitiques, qui est toujours un monosyllabe, אֵת ou הַת.

Je voudrais aller un peu plus loin, essayer une traduction nouvelle et une explication développée des deux inscriptions susdites. S'il y a témérité de ma part, le public en sera juge. Ce dont ma conscience m'est garant, c'est que je ne suis poussé par aucun motif de malveillance ou de dénigrement. M. Renan sait que je ne le hais pas. Et plût au ciel que la Providence, qu'il n'invoque plus, fît tomber entre ses mains quelque rouleau poudreux enfoui pendant des siècles, où fussent consignées les annales de Tyr et de Sidon! Plût au ciel que, laissant là la Bible, il s'honorât lui même en honorant sa patrie par des travaux d'histoire et d'archéologie sur les pays qui ont été le théâtre de ses recherches! J'applaudirais à ses efforts, je louerais ses succès, et s'il était nécessaire, j'excuserais ces écarts, dont les plus habiles ne sont pas sûrs de se préserver :

> Quas humana parum cavit natura.

Mais c'est lui qui nous oblige à *changer notre voix* [1]. Quand, au nom de la critique et de la philologie, il nous accuse de ne rien comprendre à nos Livres saints, et qu'il en sème dans le monde des traductions mensongères ; quand il déchire chaque feuillet de l'Évangile ; quand il enfonce sa dent venimeuse dans les pages si chastes et si pures du sacré Cantique, et qu'il jette à la multitude des sots [2] ce poison d'un nouveau genre à dévorer ; quand il se rit de l'admiration de Bossuet pour les contre-sens de la Vulgate, parce que ce noble génie y a vu de la raison, de la suite, de l'unité, de l'ordre, de la sagesse, de la grandeur, de la profondeur, de la majesté, un éclat de vérité et une flamme de charité incomparables ; quand il y substitue de gré ou de force le décousu, la contradiction et le blasphème ; et je ne sais quel monstrueux mélange des excès d'un stoïcisme contre nature, et de relâchements qui seraient plus dignes d'Épicure ; quand il s'abaisse jusqu'à flatter les sentiments vaniteux de la foule, jusqu'à mendier ses suffrages, et la prendre pour juge des plus hautes questions d'histoire et de théologie, a-t-il encore le droit d'exiger de nous que notre indignation se contienne? En repoussant ses attaques, nous ne faisons que nous défendre : nous soutenons une lutte généreuse pour ce que l'homme a de plus cher et de plus inviolable, *pro aris et focis*. S'il se fait un bouclier de la philologie, nous essayerons de percer à jour ce bouclier ; s'il s'en fait une arme offensive, nous l'émousserons entre ses mains. Il fait sonner haut la critique ; nous y opposerons celle que nous avons apprise de

[1] Mutare vocem meam. *Gal.*, IV. 20.
[2] Stultorum infinitus est numerus. Eccl., I. 15.

saint Paul, dont l'*essence* et le *premier principe* n'est pas de croire
le mystère ou de *nier le miracle* sans preuve, mais de tout éprouver,
et de garder ce qui est bon : *Omnia probate, quod bonum est tenete* [1].
Cette règle sera notre lumière et notre guide en toutes choses, dans
les petites comme dans les grandes. Ainsi, nous ne franchirons point
les bornes de l'équité ; mais, distinguant l'homme de l'écrivain, nous
conserverons de la bienveillance pour l'un, et nous garderons les lois
de la justice envers l'autre.

Pour plus de clarté, je diviserai ce mémoire en deux parties.

Dans la première, j'essayerai d'établir par un assez grand nombre
d'exemples un point de grammaire ou d'orthographe, comme on
voudra l'appeler, dont l'éclaircissement est essentiel à l'intelligence
des textes phéniciens en général, et en particulier des deux inscriptions découvertes par M. Renan, à Oum-el-Awamid. Je réserverai
pour la deuxième partie l'explication de ces deux textes qui, après ce
préambule, se fera, pour ainsi dire, d'elle-même.

## PREMIÈRE PARTIE.

A quel signe reconnaît-on dans une épigraphe phénicienne le
pronom affixe de la troisième personne du singulier ?

Selon M. Renan, « ce pronom affixe est d'ordinaire rendu par א,
« comme on en trouve de nombreux exemples dans les inscriptions
« carthaginoises... Peut-être aussi est-il quelquefois rendu par ה,
« pour הו. »

Cette dernière supposition, l'auteur ne la justifie par aucun exemple,
et nous n'en devons point tenir compte. Quant à l'emploi de א, je ne
me rappelle pas en avoir rencontré un seul exemple, en dehors de l'A-
frique. Il n'est pourtant pas vraisemblable que ce pronom (en latin
*ejus* ou *eum*), d'un usage si fréquent dans le discours, manque abso-
ment en un si grand nombre de textes recueillis des îles, et sur les
côtes de l'Asie ou de l'Europe. J'ai été conduit par l'inspection com-
parée de ces textes à reconnaître deux procédés différents, et à peu
près également en usage dans ce but. Le premier consiste dans
l'omission de la quiescente destinée à représenter l'affixe, conformé-
ment à la règle générale qui permet de supprimer dans l'écriture toute
lettre non articulée. Le second exprime ce même affixe par י. Sur ces

[1] *I Thess*, v. 21.

deux moyens, dont le premier ne me laisse pas le moindre doute, et l'autre approche au moins de la certitude, je n'aurai guère qu'à réïter ici ce que j'écrivais il y a environ dix-sept ans, dans un mémoire destiné au *Journal Asiatique*, et qui fut favorablement accueilli abord par le comité de rédaction, quoique un changement de circonstances en ait retardé depuis lors la publication. J'y joindrai les exemples empruntés à des textes plus récemment découverts, et qui m'ont confirmé dans mes premières vues.

M. Renan n'oppose rien au second procédé, qu'il ne paraît pas même avoir soupçonné. Il objecte contre le premier que « l'omission d'une telle lettre serait très-peu logique. Il ne s'agit pas ici, ajoute-t-il, d'une simple quiescente comme celles que le phénicien a coutume de ne pas écrire. Il s'agit d'un mot dont le retranchement eût plongé le lecteur dans une insoluble perplexité. Cela est si vrai que le quiescent représentant le pronom affixe de la première personne est toujours écrit ». Ce dernier trait est trop affirmatif, et nous verrons bientôt le contraire. La logique me semble ici hors de cause ; et après tout nulle théorie ne prévaut contre les faits. Ce n'est pas nous, enfin, qui tombons dans une insoluble perplexité en supprimant cet affixe, mais plutôt ceux qui se refusent à le reconnaître dans les cas où il est exigé par le sens.

Si l'aisance et le naturel, la liaison des pensées et leur à propos sont des indices de vérité et d'exactitude dans la traduction, nous osons espérer que les hommes instruits et cultivés auxquels nous nous adressons, pourront eux-mêmes, sans être des hébraïsants exercés, apprécier la justesse des nôtres. Les hommes spéciaux qui sont au courant de la matière, et qui désireront comparer notre version avec les sources, trouveront ici des indications assez exactes pour leur faciliter ce travail.

Les inscriptions que nous invoquons à l'appui de notre thèse appartiennent à divers temps et à divers lieux. Il y en a de Sidon, de Malte, de Marseille, d'Afrique.

## I. Inscriptions de Sidon.

La *première* est celle qu'on lit sur le beau sarcophage en basalte noir d'Esmounazar, roi de Sidon, et dont l'époque n'a pas encore été déterminée. Elle commence ainsi, dans la traduction de M. Munk, *Journal Asiat.*, avril-mai 1856 :

« Au mois de bul, l'an xiv de mon règne (de moi), le roi

---

¹ A. de Longpérier, *Journ. Asiat.*, mars 1853, p. 525.

« Esmoun-éser, roi des Sidoniens, etc., Esmoun-éser, roi des Sido-
« niens, parla en disant :... »

A ces mots « de *mon* règne (de *moi*), » je voudrais substituer « de
« *son* règne (de *lui*)..., » changement exigé par le second membre de
la phrase, puisque le roi n'y figure qu'en troisième personne. Dans
לְמָלְכִי, le י exprime donc la troisième personne [1].

La suite de la même inscription nous offre un exemple de la suppression complète de l'affixe.

« J'adjure (ce sont les paroles d'Esmounasar) tout homme, qu'il soit
« roi ou simple particulier, de n'ouvrir point ce sarcophage, de n'y
« point chercher de trésors, car aucuns trésors n'y ont été déposés,
« de n'enlever point le cercueil de mon sarcophage, et de ne point
« me charger dans ce sarcophage du couvercle d'un autre sarco-
« phage. »

Il n'y a point d'obscurité dans la phrase ainsi traduite. Mais pour
l'obtenir, j'ai dû, à deux différentes reprises, considérer בּ comme
l'équivalent de בֵּן « en lui. »

נמנם est probablement formé par contraction de נִטְמָנִים partic.
niphal dans le sens de « res absconditæ, thesauri » C'est ainsi que
de מַטְמוֹן, on a formé מָמוֹן, « mammon, le trésor, et le Dieu des
trésors ou des richesses. » Cette prononciation, quoique vicieuse, devait être ancienne, puisqu'elle était commune à des pays aussi éloignés
l'un de l'autre que la Palestine l'était de Carthage et du littoral afri-
cain, où elle se conservait encore du temps de saint Augustin.

Je lirai donc en hébreu : אַל יְבַקְשׁוּ בּוֹ נְמָנִים כִּי לֹא שָׂמוּ
בּוֹ נְמָנִים

Les trois mots מִשְׁכָּב « lit (funèbre), sarcophage, » חֵלֶת « caisse,
cercueil, » et עֵלֶת « couvercle » ont leur sens bien déterminé. Le
second n'a rien de commun avec כַּלָּה, le troisième ne signifie pas
« une chambre haute, un cénacle עֲלִיָּה, » ni « une chambre sépulcrale. » Conçoit-on, en effet, que le mort dans son sépulcre défende
de le charger de la chambre d'un autre sépulcre? Concevrait-on surtout que, prononçant des malédictions contre tout homme qui ouvrira
la chambre (עֵלֶת) où il repose, il fît graver ces anathèmes, non sur

---

[1] Quelques uns lisent : לְמַלְכִּי « de mon roi, » et prennent ce terme pour un
titre honorifique, où le pronom inséparablement uni au substantif a perdu sa valeur propre, comme dans אֲדֹנִי « monseigneur. » Mais ni l'usage ni la raison ne
justifient cette opinion.

la porte et à l'extérieur du caveau, mais dans l'intérieur du caveau et sur le couvercle même du sarcophage ?

Ce qu'il est naturel à tout homme de craindre, et d'empêcher autant qu'il le peut, c'est que sa sépulture ne soit violée soit par l'ouverture de son sarcophage, soit par l'enlèvement du cercueil qui y est renfermé, soit par le changement du couvercle et de l'épitaphe, qui mettrait son nom dans l'oubli.

Ces remarques ne seront pas inutiles, quand nous étudierons la première inscription d'Oum-el-Awamid, où le premier traducteur a voulu introduire les mots חלת et עלת, qui n'y sont pas, et donner en outre au dernier de ces deux mots un sens qu'il n'a pas.

*II*ᵉ *Inscription de Sidon.* Nous devons la première publication de ce texte votif à M. le comte de Vogüé, qui y a joint un commentaire [1]. En m'aidant d'une correction proposée par M. Lévy [2], et de mes propres études, je le traduis ainsi :

« Au mois de…. la deuxième année de son règne, le roi Bodostor,
« roi des Sidoniens, et son fils Bodostor, roi des Sidoniens, [ont
« offert] ce taureau…. à Astarté. »

J'adopte la restitution proposée par M. Lévy pour la fin de la première ligne, et je lis avec lui לִמְלֹכֹ. Mais je me sépare de lui sur la valeur de l'affixe que je traduis par la troisième personne, pour obéir à ce qu'exige le tour de la phrase. A la troisième ligne, je lis וּבְנוֹ « et son fils » en suppléant l'affixe. M. Lévy n'a pu échapper à la nécessité de cette leçon, qu'en faisant un verbe des trois caractères ובנ qu'il lit בַּנֹ. Le premier signe pourrait à la vérité être ב aussi bien que ו ; mais il est très douteux que ce verbe ait jamais existé dans la langue phénicienne. Le verbe se trouvait dans la lacune de la dernière ligne, où je crois reconnaître la trace des mots קְרַב [: ] לְבָלִי « on? offert comme un objet de culte, comme un ornement (sacré). »

L'objet offert ne peut guère être qu'un taureau שור, animal consacré à la déesse. Nous apprenons de Philon de Byblos (cité par Eusèbe) qu'elle portait sur la tête en guise de coiffure, et comme insignes de la royauté, une tête de taureau. Ce taureau rappelle le veau d'or des Israélites, et les images semblables en terre cuite qu'on trouve en Égypte. Toutefois le mot שור étant épicène, il se pourrait qu'il

---

[1] Mémoires présentés par divers savants à l'Académie des inscriptions et belles-lettres, t. VI, première partie.

[2] *Phœn. Stud.*, det. I, 1869.

s'agît ici d'une génisse, d'autant mieux que le mot paraît être suivi d'une épithète au féminin נארת (p. נִיעָרַת ?)

Les Phéniciens, contrairement à l'usage des Hébreux, se dispensaient aisément d'exprimer l'article après la particule את. Ils écrivent donc אית שר, là où les Hébreux diraient אֶת הַיָּשָׁר. On lit de même dans le *Pœnulus*, yth alonim את אלונים « les dieux. »

## II. — Inscriptions de Malte.

Gesenius a publié dans ses *Monumenta Phœnicia* quatre inscriptions trouvées à Malte, dont chacune contient quelque chose d'intéressant à notre but.

La *première*, connue depuis longtemps, est gravée sur le pied de deux candélabres, et je n'ai qu'un seul mot à changer dans la traduction reçue.

« A notre seigneur Melcarte, seigneur de Tyr. Vœu fait par les ser-
« viteurs Abdosir, et *son* frère Osirischamar, tous deux fils de, etc.
« Qu'entendant leur voix, il les bénisse. »

On a lu jusqu'ici וְאָחִי « et *mon* frère » en supposant un changement de construction peu nécessaire, et d'autant moins vraisemblable qu'on serait obligé d'y recourir plus souvent.

L'inscription grecque qui accompagne le texte sémitique rend le premier nom propre par Dionysius, ce qui est exact, puisque les anciens ont identifié Osiris et Bacchus. Le deuxième nom est rendu par Sérapion (c'est-à-dire appartenant à Sérapis.) On a la preuve en effet, que *ser* ou *sar* dans « Sérapis, » est une abréviation d'Osiris. Osiris-Apis ou Sérapis, c'est l'Apis rentrant par la mort dans le sein d'Osiris, et confondu avec ce dieu, auquel les morts en général étaient assimilés. L'analogie nous porte donc à chercher dans « Schamar, שמר, » une correspondance avec « Apis. » Rien de plus facile, si l'on se rappelle qu'un des surnoms du dieu Apis les plus usités chez les grecs est σωτήρ, sauveur. Ce surnom pourrait même n'être que la traduction du nom égyptien du dieu. Car tant ce nom que le signe hiéroglyphique qui l'exprime nous ramènent à la racine ⲱⲟⲡ, hop, (héb. הבה, חפה, עוב et עיף), dont le sens est *couvrir, protéger*. Apis est en effet le dieu protecteur et conservateur ou restaurateur de la santé. Je soupçonne donc qu'on devrait lire Osirischomer אסרשמר, et que la traduction littérale ne serait pas Sérapion, mais Sérapis, le prêtre ou l'adorateur portant assez souvent le nom même de la divinité, par suppression *du mot* עבד « serviteur de... »

La *deuxième* maltaise a été traduite ainsi par Gesenius (*Monum. Phœnic.* app. quarta. p. 463.)

« Conclave domûs æternæ (est) sepulcrum. Depositus est pius in « hoc claustro, ingenium placidum sine dedecore, Hannibal filius Bar- « melechi. »

C'est ce qu'on a dit de plus raisonnable sur le sens de ce texte, et pourtant l'hébraïsant exercé sentira ce qu'il y a de violent et de contourné dans cette phrase-ci : רח מרפא מבשת.

Je crois qu'il s'agit tout simplement d'un enfant mort en naissant ; נֶפֶל = נְפִיעַל *abortions*, et le עַ ne sert qu'à marquer la voyelle. Pron. נֶפֶל, comme גֶּבֶר = גְּבַר

בִּי כֻלְתִי = בכלה par suite de la suppression des quiescentes.

Ce groupe ירדחמרפאמב, je le lis ירְדַחֲמוּ רְפָאִים בִּי[1] en suppléant l'affixe de la première personne qui, selon M. Renan, ne serait jamais omis, et je traduis :

« Chambre de la demeure éternelle, sépulcre dans lequel, avorton « innocent, j'ai trouvé ma fin. Que les mânes me soient propices! A « posé (cette pierre) Annibal fils de Barmélech. »

בשת ne peut donc pas signifier ici « dans l'année, » et le R. P. Bourquenoud a eu raison de rejeter cette interprétation. Il est bien vrai que quelquefois une date s'indique par le nom des suffètes, comme elle se marquait à Rome par celui des consuls. Mais il faudrait au moins en ce cas faire mention du titre de suffète : In anno suffetis Annibalis...

*XI*[e] *Inscription de Carthage.* Je joins immédiatement à la deuxième de Malte une autre épitaphe trouvée à Carthage[2], dont le tour est le même. La comparaison des deux en fera mieux ressortir le sens.

« A Abdastarté (ou Bodostor) fils de, etc. Que les mânes lui soient propices! A posé (cette pierre), Adonibaal, etc. » Ce qui distingue cette épitaphe c'est que le ב étant séparé de שת, il est absolument impossible de traduire « in anno. » On y lit en effet בירדחמרפאם pour בִּי ירדחמוּ רפאים.

---

[1] Il est vrai que ce verbe ne se rencontre point dans la Bible suivi de ב. Il demande un régime direct ou la particule עַל. Cependant ב est une particule d'autant plus naturelle ici, qu'elle suit en général les verbes qui marquent l'affection, la complaisance : ראה ב, regarder avec complaisance; שמע ב, écouter docilement, obéir; חפץ ב, se complaire en, etc.

[2] Voy. Gesen. *Monum. Phœn.*

En Égypte, et assez généralement partout au sein du paganisme, les morts étaient faits participants de la divinité. Il devait en être ainsi chez les Phéniciens. Ici, en effet, les mânes et les dieux mânes signifient la même chose. Aussi le terme מֵתִים « les morts » est-il un de ceux qu'on rencontre dans la Bible pour désigner les dieux des nations. *Voy*. Ps. 106, 28; Isaïe, VIII, 19. Leurs oracles étaient souvent rendus au nom des morts, comme on l'a vu dans le spiritisme contemporain, car il n'y a rien de nouveau sous le soleil. Et de là la défense rigoureuse que Moïse avait faite à son peuple de consulter les morts, défense que les prophètes rappellent quelquefois. Qui ne se souvient de l'ombre de Samuel évoquée par la pythonisse d'Endor?

Mais le nom de Rephaïm avait une autre signification plus spéciale. Il désigne souvent dans la Bible une race de géants ennemis de Dieu, et dont le souvenir altéré s'est perpétué dans les Titans de la fable. Leur nom a la même signification que celui de Nephilim, appliqué dans la Genèse aux géants qui périrent dans le déluge. Ce sont les *vaincus*, les *tombés*, les *renversés*, de רפה être faible, נפל tomber. Et si nous passons de la Palestine en Égypte, nous y trouvons également des êtres typhoniens ou démons malfaisants, prosternés par la puissance du Dieu bon, de véritables Nephilim. Mais ce qui est plus étrange, c'est que les Rephaïm s'y rencontrent parmi les anciens souverains de l'Égypte. Avant que l'Égypte eût des rois de race humaine, elle fut gouvernée, dit Manéthon, par les dieux, les demi-dieux et les *morts*. (Chron. d'Eusèbe, l. 1, ch. 20.) Personne, que je sache, n'a dit encore quels étaient ces morts, νεκυες. J'y découvre une allusion confuse aux Rephaïm ou géants de la Bible, comme dans les demi-dieux j'entrevois un souvenir des בני אלהים « filii Dei » de la Genèse, et dans le règne des dieux un vestige à moitié effacé du Paradis terrestre. Mais ces réflexions m'éloignent de mon sujet. Il est temps que j'y revienne, en abordant les textes dont je n'ai pas encore parlé.


La *troisième* et la *quatrième* inscriptions de Malte sont parallèles, et semblent provenir de deux frères favorisés tous deux de la même grâce. La mauvaise conformation des lettres, quelques lacunes, et peut-être quelques fautes d'orthographe y jettent un peu d'obscurité sur des détails accessoires. Le fonds n'en reste pas moins certain, surtout quand on s'éclaire de la lumière que ces deux inscriptions jumelles se renvoient l'une à l'autre.

Voici la troisième : « Adressé Malchibaal... à Baal-hamman (cette « pierre, parce qu'il a écouté toutes ses paroles. »

A Malchibaal, substituez le nom de Malchiosiris, puis modifiez légèrement la tournure du dernier membre de la phrase, et vous aurez la quatrième inscription, autant que j'en puis juger au travers des lacunes qui la déparent[1]. Toutes les deux se terminent par דברי qu'on a lu דְּבָרַי mes paroles, tandis qu'il faudrait probablement prononcer דְּבָרָיו (héb. דְּבָרָיו) ses paroles.

Je n'ai point traduit le groupe אשׂומיחי, ou mieux (selon la quatrième inscription) אשׂשׂמיחי On pourrait avec Gesenius ponctuer אִישׂ שׂמיחי, et ces mots indiqueraient la patrie des votants. Mais on peut aussi, en partageant le groupe en trois mots, traduire : « quem fecit sanum, quem sanitati restituit, » et nous aurions ainsi un nouvel exemple dans שְׂמֵי du pronom affixe de la troisième personne rendu par un י[2].

## III. Inscription de Marseille.

Cette inscription est un souvenir d'une colonie carthaginoise établie à Marseille, on ne saurait dire combien de siècles avant l'ère chrétienne. Elle contient un décret des suffètes de la métropole ou plus vraisemblablement de la colonie. Ce décret règle divers points relatifs aux sacrifices, et spécialement la redevance assignée aux prêtres, laquelle varie selon les différentes espèces de victimes « Le « prêtre, y est-il dit, aura droit à une part de la chair immolée dont le « poids sera de... מִשְׂאַת זְ שְׂאַר מִשְׂקָל. » Il n'est pas besoin d'une profonde connaissance du génie de la langue hébraïque, pour s'apercevoir que l'affixe י doit être suppléé après מִשְׂקָל, quoiqu'il ne soit pas marqué sur la pierre.

Ce n'est pas le seul endroit du texte où je reconnaisse la trace probable d'une semblable omission. Mais je me borne à cet exemple comme plus sensible, parce qu'il porte sur un passage parfaitement clair.

---

[1] La quatrième commence par נצוב que je crois être une leçon vicieuse pour נצב.

[2] Ce résultat serait le même si on lisait : אִישׂ שְׂמֵי חַי « cujus nomen vivat »

### IV. Inscriptions africaines.

J'ai déjà eu l'occasion d'en appeler à une inscription africaine
(p. 12), et il me suffira d'ajouter que même dans celles de la plus basse
époque, où l'affixe est rendu ordinairement par א, on le supprime
quelquefois. Il y a plusieurs actes de dédicace à Baal-hamman avec
cette phrase אש ראה אש ושמע את קולא [1], que je traduis
ainsi : « qui a regardé son sacrifice אִשּׁוֹ, et écouté sa voix. »

Ces exemples suffisent, si je ne m'abuse, pour établir d'une façon
toute empirique l'usage d'exprimer le pronom de la troisième personne par un י, ou de le supprimer entièrement. Pour joindre toutefois la théorie à la pratique, remarquons qu'en hébreu le pronom
הוא se joint au substantif de deux manières, par la voyelle *a*, ou
par *e*. On dit : דְּבָרֹו pour דְּבָרֵהוּ « sa parole », et לְמִינֵהוּ « selon
son espèce. » De cette dernière forme dérive la forme araméenne
לְמִינֵה, qui s'est conservée chez les Hébreux comme archaïque et

---

[1] Je cite cette phrase telle qu'on la lit dans les meilleurs textes, et sans tenir
compte des fautes que des graveurs ignorants y ont souvent commises. On y voit
par exemple כאלא pour קולא ; יש pour אש de אִשֶּׁה ; etc.

À l'appui du sens que je donne à cette formule, il sera bon d'en produire une
autre assez semblable que voici :

לאדן בעל הבן ב׳ ו׳ שיכמא ( שמע ׳פ׳) כלא וקטירא

« Au seigneur Baal-hamman, parce qu'il a écouté sa voix, et (agréé) son
« sacrifice. »

Les essais tentés jusqu'ici pour l'éclaircissement de ces inscriptions africaines
ont été si malheureux, qu'il peut être utile de proposer ici l'explication d'une
autre formule qui en est extraite. V. les n°ˢ 32, 33, 34 et 35 de la Toison d'Or,
de M. l'abbé Bourgade. Il s'agit d'épitaphes.

Sur le tombeau d'un homme, on lit :

הנגת קיבר תחת אבן זת עבן

Sur le tombeau d'une femme :

הנגת עבנת תחת אבן זת קברת

Je traduis : « Repose en paix, enseveli (ou ensevelie) sous cette pierre. »
עבן est le participe de עָבַן, qui paraît identique à עון, « demeurer, être en
repos. »

Dans הֻנַחת, le prétérit a le sens de l'optatif, selon un usage commun aux
Syriens et aux Arabes.

poétique, quoique les Massorètes l'aient méconnue, en lisant עִירֹה « son ânesse, » סֻתֹה « son vêtement, » etc. Or la forme phénicienne דְבָרִי se rapproche beaucoup de דְבָרֹה, dont elle ne diffère que par le simple retranchement du mappik. Je n'ose toutefois décider si l'on prononçait דְבָרִי ou דְבָרִיּ qui serait pour דְבָרֹהוּ, le ה, comme l'א, entre deux voyelles, se changeant facilement en י. Au pluriel on devait prononcer דְבָרִיּ « ses paroles. »

Quand au contraire tout signe de l'affixe est supprimé, ou qu'il est rendu par א, rien n'empêche de le prononcer ó, ex. : קֹלֹו=קָאלָא. On dirait que les Phéniciens ont évité d'écrire le ו non-seulement au commencement des mots comme les Hébreux, mais aussi à la fin.

Quelques exemples tirés des vers du *Pœnulus* viennent à l'appui de ces raisons. On y lit, au neuvième vers punique :

<blockquote>Chillu ily gubulim lasibithym</blockquote>

ce qui donne en caractères hébreux :

$$\text{כִּי לוֹ אֵלֶּה גְבוּלִים לְשִׁבְתָּם}$$

« Qu'à lui sont ces lieux pour y habiter; »

et au vers septième :

<blockquote>Uth bini mysdibur, etc.</blockquote>

$$\text{וְאֵת בְּנִי מִתְדַּבֵּר}$$

« Et filium ejus fertur (hic esse.) »

Ce sont là les deux formes phéniciennes que j'ai signalées du pronom de la troisième personne.

Si l'on ne goûte point ces explications, je suis tout disposé à en accepter de meilleures. Mais jusqu'à ce qu'on ait réussi à donner d'un grand nombre d'épigraphes une explication plus naturelle et plus satisfaisante que celles que je viens de proposer, je persiste dans ma manière de les lire et de les traduire.

## DEUXIÈME PARTIE.

Notre tâche à présent est singulièrement allégée.

Nous pouvons aborder sans crainte les inscriptions d'Oum-el-Awamid.

Je traduis la première en latin pour être plus littéral, et mieux rendre les inversions du texte :

« Domino Baali cœlorum quod vovit Abdelimus filius Matthanis,
« filii Abdelimi, filii Baalsamari, inter *judices* Laodiceæ. Portam hanc
« et valvas ejus feci, templum ejus ædificare peregi, anno CCLXXX
« Domini Milchom, anno CXLIII populi Tyri, ut sit mihi in memo-
« riale et nomen bonum sub pedibus Domini mei Baalis cœlorum in
« æternum. Benedicat mihi. »

Les deux premières lignes ne demandent aucune explication. Le groupe בפלגלאדכ qui commence la troisième, ne signifie ni « dans le district... » ni « au milieu de Laodicée. » Il y a telle superfluité de paroles que le style épigraphique évite plus soigneusement que tout autre; et Paris, en dressant la statue équestre de Henri IV, s'est gardé d'écrire au-dessous qu'il l'érigeait sur le Pont-Neuf.

Il est au contraire fort naturel qu'Abdélime, après son nom et celui de ses ancêtres, désigne aussi sa qualité. Celle de magistrat, ou de juge, pouvait très-bien s'exprimer par פלג. Plusieurs racines, dont le sens premier est de *diviser*, *trancher*, passent au sens métaphorique de *décider*, *juger*. Le nom de Cadi en arabe ne signifie pas autre chose. Le verbe גזר *couper*, a la même acception chez les Chaldéens et les Syriens, et on en trouve plusieurs exemples dans Daniel. Enfin la racine פלג se rencontre elle-même dans la version syriaque du Nouveau Testament avec une signification tout-à-fait analogue, en saint Luc (xii, 14) : « Quis me constituit judicem aut divisorem (מפלגנא) inter vos ? »

Je lis donc בְּפַלְגֵי לְאָדְכִי. La finale brève de λαοδίκεια a pu s'effacer aisément, mais non la syllabe pénultième ει qui est longue. לְאָדִיכָא est impossible.

Le sens de « phalange » qui appartient au mot פלג ne convient pas en cet endroit. Il eût fallu dire פולח בפלג « miles in phalange. »

J'arrive à la quatrième ligne, la plus obscure de toutes, si on n'y supplée pas les quiescentes, et la plus claire après cette restitution.

Qu'on écoute M. Renan : « j'ai construit cette porte et les battants qui sont *à l'entrée* de la cella de ma maison sépulcrale. »

Il n'est pas nécessaire d'appartenir à l'Académie des inscriptions et belles-lettres, pour sentir ce que cette phrase a de trop, et ce qu'elle a de trop peu; trop de mots surtout pour le style lapidaire, des circonlocutions plus qu'inutiles; pas assez de simplicité et d'élégance. Encore faut-il dire que le traducteur s'est habilement contenté d'un à-peu-près, et que sa version latine, où il eût fallu être plus littéral, a été remplacée par plusieurs points.

Mais qu'on consente à lire,

אש לו פעלתי ביתו כליתי בניתי

et l'on aura littéralement en latin : « Portam hanc et valvas — ejus « feci, domum ejus peregi, ædificavi (p. peregi ædificare.) »

אש est la forme phénicienne du relatif. L'ensemble des textes ne permet pas d'en douter; et j'ose espérer que le savant Père Bourquenoud ne me refusera pas son assentiment.

Ce membre de phrase est suivi d'une date qui n'a pas encore été bien comprise. Qu'est-ce, en effet, que l'ère « des Seigneurs rois » ou « du Seigneur des rois, » deux traductions que l'habile collaborateur du *Journal asiatique* nous a proposées l'une après l'autre? Est-ce l'ère de Cyrus, ou celle des Séleucides ? De graves difficultés s'opposent avec une force égale à ces deux opinions. D'abord l'expression consacrée pour désigner le potentat le plus puissant de l'Asie, et spécialement les souverains de Babylone, est celle de *Grand-Roi*, ou de *Roi des rois*, jamais *Seigneur-roi* ou *Seigneur des rois*. *Seigneur roi* est un titre banal qui convient aux chefs des plus petits états. *Seigneur des rois* est une dénomination qu'aucun exemple ne justifie, un reflet pâle et affaibli de la pensée qui avait créé ce titre superbe. Partout, non-seulement dans les auteurs grecs, mais sur les monuments des Achéménides, comme sur ceux des Parthes Arsacides, vous trouverez la répétition énergique du même terme, « roi des rois. » C'était un langage officiel dont on n'aurait pu s'écarter impunément.

D'ailleurs ce titre se transmettant avec la couronne, et étant commun à tous les souverains successifs d'un même empire, ne pouvait servir de point de départ à une ère quelconque.

Enfin la même expression se lit sur le sarcophage d'Esmounasar, où il est clair qu'elle s'applique à un dieu adoré en Phénicie.

Le dieu Milchom, le même que Moloch, n'est connu par la Bible que comme une idole des Ammonites et des Moabites; mais la Phénicie n'est pas assez distante des lieux habités par ces peuples, pour qu'on s'étonne d'y rencontrer les mêmes divinités.

L'ère du seigneur Milchom datait apparemment de la dédicace de son temple, beaucoup plus ancien à Laodicée que celui de Baal-Schamaïm. Cette dédicace fut donc une époque mémorable en ce pays, comme celle du temple de Salomon à Jérusalem.

La sixième ligne appelle maintenant notre attention. En voici le
texte :

לכנילסכרושמנזם

ou en divisant les mots et restituant l'orthographe la plus usitée :

לְכֻנִי לִי לְזֵכֶר וְשֵׁם נֵעַם

La difficulté est toute entière dans la première moitié de la ligne.
Dans sa seconde édition revue et corrigée, M. Renan s'arrête à cette
version : *ut sim mihi* in memoriam, etc. *Mihi* est à ses yeux « un de
« ces pronoms pléonastiques, comme il y en a tant en syriaque et en
« hébreu. » Décidément l'habile épigraphiste a du goût pour les pléo-
nasmes. Pour moi, je n'en connais pas qui ressemble à celui-ci, et
ceux qu'il allègue à l'appui en diffèrent essentiellement.

S'il est vrai, comme j'ai essayé de l'établir dans la première partie,
que l'affixe de la troisième personne s'indique souvent par י, לכני
répond à la forme hébraïque לִהְיוֹתוֹ, et l'on arrive à traduire : « ut
sit hoc mihi in memoriam et nomen bonum. »

*Ligne septième*. J'adopte volontiers l'interprétation ingénieuse du
savant professeur d'hébreu de la Sorbonne ; selon lui, *sous les pieds*
ou *sous les pas du soleil*, est une expression poétique pour indiquer
tous les lieux éclairés de ses rayons, et placés sous son orbite.


### II<sup>e</sup> Inscription d'Oum-el-Awamid.

Elle se traduit sans difficulté :

> « Au roi Astarté, dieu soleil ;
> « Vœu qu'a fait Abdesmoun, pour ses fils. »

Aux passages d'anciens auteurs déjà cités sur le dieu Lunus, j'ajou-
terai celui d'Ælius Spartianus, dans la *Vie de Caracalla*, c. 7. « Et
« quoniam Dei Luni fecimus mentionem, sciendum doctissimis qui-
« busque memoriæ traditum, atque ita nunc quoque à Carrenis præ-
« cipue haberi, ut qui Lunam fœmineo nomine ac sexu putaverit
« nuncupandam, is addictus mulieribus semper inserviat : at vero
« qui marem deum esse crediderit is dominetur uxori, neque ullas
« muliebres patiatur insidias. Unde quamvis Græci vel Ægyptii eo
« genere quo fœminam hominem, etiam Lunam deum dicant, *mystice*
« tamen *deum dicunt* [1]. »

---

[1] On peut consulter la note de Casaubon sur ce passage

Ceci explique comment on a pu donner à Astarté les titres de *roi* et de *dieu*, mais ne rend pas suffisamment compte de l'expression « dieu solaire » ou plutôt « dieu soleil. » Une inscription palmyrénienne bilingue conservée à Rome, au musée capitolin, jette plus de jour sur la question. On y voit le nom de *Jarchi* יָרְחִי (lunaris), rendu dans le texte grec par Ἡλιόδωρος (donum solis), et par conséquent l'identification du soleil et du dieu Lunus. Cette inscription est une dédicace à Aglibol et à Malachbol (ou Malachbel) dont les figures sont sculptées au-dessus, avec les traits et le costume virils. L'un des deux personnages est armé, a le front ceint d'une couronne radiée, et le visage comme encadré dans les deux pointes d'un croissant dont la base se cache derrière ses épaules. A ce signe on reconnaît le dieu Lunus, et les rayons de sa couronne sont apparemment une allusion au soleil avec lequel il est ainsi confondu.

On sait combien, dans les derniers temps, l'usage des figures panthées se répandit, avec la doctrine du panthéisme qui tendait à réunir et fondre en un seul être toutes les forces de la nature.

Les derniers mots עַל בְּנִי « pour son fils » ou « pour ses fils » (nous avons vu que cette forme pouvait servir au pluriel comme au singulier) offrent un nouvel exemple du י destiné à marquer la troisième personne. Le verbe « a voué » placé devant, ne permet pas de finir la phrase par un pronom de la première. Je puis d'ailleurs invoquer l'analogie des inscriptions palmyréniennes, en langue syriaque, où la confusion des pronoms n'est pas possible. Celle que j'ai déjà citée nous montre Héliodore faisant une dédicace à ses dieux « pour *son* salut, celui de *sa* femme et de *ses* enfants : ὑπὲρ σωτηρίας αὐτοῦ καὶ τῆς συμβίου, καὶ τῶν τέκνων. Les pronoms restent constamment à la troisième personne ; et il en est de même dans le texte syriaque correspondant.

Ce rapprochement a pour nous un double intérêt ; car, outre qu'il détermine la valeur de l'affixe, il établit le sens de la préposition עַל. Le premier traducteur qui l'avait bien rendu d'abord, s'en repent aujourd'hui, et, disciple trop docile d'un docteur d'au delà du Rhin, sur sa seule autorité, quand, *à vrai dire, rien ne prouve* qu'il ait raison, abandonnant *le sens le plus ordinaire* de la particule, *il adopte volontiers la nouvelle nuance proposée par le savant épigraphiste allemand.* (*Journ. asiat.*, nov. déc. 1863, p. 528.) Cette *nuance* ressemble à la première comme le rouge au blanc. L'offrande était faite « pour mon fils, » maintenant c'est « avec mes fils. » Mais nous avons été habitués à ce langage. Ce qui est plus nouveau, c'est cet excès de déférence, inexplicable, même à l'égard d'un érudit allemand et is-

raélite. עַל signifie « sur » et jamais « avec, » excepté dans les phrases
où le sens, sinon l'usage de la langue, permettrait de substituer l'une
de ces prépositions à l'autre, ce qui a lieu quand il s'agit d'addition,
d'accumulation : on dira, par exemple : « égorger la mère *sur* les
enfants, » ou « *avec* les enfants. » Ici le père étant le sujet principal
eût pu dire tout au plus : « moi et mes enfants sur moi (ou) avec moi, »
et encore cet hébreu serait à peine passable.

J'achève ma tache avec la douloureuse perspective d'éloigner pour
longtemps un ami des jours anciens que mes bras ouverts ne se sont
point lassés d'attendre, mais avec la conscience d'accomplir un devoir. Je ne prétends nullement disputer au collaborateur actif du
*Journal Asiatique*, au membre de l'Académie des inscriptions, le rang
qu'il occupe dans l'opinion des vrais savants, capables d'apprécier
ses mérites et ses travers. L'épigraphie phénicienne est une science
encore brute, où l'on peut se tromper sans déshonneur, et je ne
me flatte pas d'avoir échappé moi-même à toutes les inexactitudes.
Plusieurs de celles que j'ai relevées dans M. Renan lui sont communes
avec de célèbres professeurs d'outre-Rhin, dont la science, quel
qu'elle soit, ne suffit pas à me les faire accepter pour guides. La
France n'est pas placée si bas dans mon estime qu'elle doive graviter
comme un satellite autour de ce soleil nuageux. J'honore l'Alle-
magne, et je rends hommage au sérieux de ses recherches dans les
sciences historiques et philologiques, quand elles ne sont pas gâtées
par l'esprit de système. Mais là comme ailleurs, j'applique ma devise
chérie : « Éprouvez tout, gardez ce qui est bon. » Ce que j'estime et
que j'aime incomparablement, c'est l'Église mère des enfants de Dieu,
et seule nourrice véritable de toutes les nations civilisées. Il est donc
de mon devoir d'avertir tant d'hommes sincères et honorables qui
flottent incertains entre la cité de Dieu et la synagogue de Satan ; im-
prudents qu'une objection séduit, qu'une affirmation entraîne, qu'un
*peut-être* ébranle, et pour qui l'éclat d'une réputation surfaite est
l'astre polaire qui les dirige. Je voudrais leur faire bien comprendre
tout ce qu'il y a d'incomplet, de défectueux, d'erroné, et souvent de
bizarre dans une science du passé qui s'isole du grand faisceau de la
tradition. Le dernier manœuvre phénicien, s'il revenait sur la terre,
en remontrerait aux plus experts dans le déchiffrement et l'interprétation des textes de son pays. Il trouverait dans le milieu où il s'est
mû, dans cet échange journalier d'idées et de rapports qui forment la
tradition vivante, des avantages et des ressources que les plus pro-
fondes recherches ne suppléeront jamais qu'imparfaitement. Mais ici
il n'y a pas de la faute des savants contemporains. Ce n'est pas à eux
qu'on peut reprocher l'interruption violente et prolongée d'une

transmission dont ils s'efforcent de renouer la chaîne. Ils font revivre des souvenirs effacés; ils rendent la parole à des pierres muettes, l'harmonie à une lyre brisée. Un demi-succès mérite bien quelque indulgence.

Mais que penser de ceux qui, de gaîté de cœur, en des études plus difficiles à beaucoup d'égards, plus complexes et infiniment plus graves par leurs conséquences, rompent brusquement avec l'enseignement traditionnel qui les enveloppe comme l'air, et font le vide autour d'eux pour tout tirer de leur propre fonds?

S'il y a un livre dont la clef n'ait été confiée qu'à la tradition, c'est la Bible. Et ici la tradition philologique ne suffit pas, si elle ne s'allie intimement à la tradition dogmatique. Quand le grand Chrysostome tenait suspendu à ses lèvres l'auditoire le plus poli qui fût alors, dans les célèbres métropoles d'Antioche et de Constantinople, quand il captivait sous le charme de sa parole les flots mêlés de fidèles et de païens qui se pressaient autour de sa chaire, on l'entendait s'écrier de temps en temps : « Norunt initiati; les initiés me comprennent. » Ainsi pour la pleine intelligence du plus clair et du plus limpide des orateurs chrétiens, il fallait quelque chose de plus que la science du grec. Il fallait l'initiation et les instructions particulières qui se donnaient aux seuls néophytes à l'époque de leur baptême. Et l'on se persuadera qu'une connaissance médiocre de la langue hébraïque suffit à l'intelligence de l'Ancien Testament, des oracles de ses prophètes, et de ses poésies pleines de mystère? Non, non, qu'on le sache bien. On fera de lourdes chutes ; on donnera dans des contre-sens que Bossuet n'admirerait plus ; on étonnera un moment les simples par la hardiesse et la nouveauté de ses assertions. Mais eux-mêmes ne tarderont pas à revenir de leur étourdissement. Ils discerneront le faux sous l'artifice des périodes. Ces scènes disparates violemment encadrées ensemble ne leur inspireront que le dégoût, et ils riront de ces contorsions trop semblables à celles du père du mensonge.

Pour comble d'infortune, en cessant de contempler la vérité, qui seule est belle, on perdra le goût de la beauté même. On sera faux dans l'art, comme on l'est dans l'histoire. On essayera du drame, et on glissera dans la caricature. On essayera de la poésie épique, et on ne saura pas peindre un caractère. N'est pas créateur qui veut. On peut être heureux dans quelques détails, sans réussir dans les grandes compositions. Le Jésus du nouvel Évangile est formé de pièces de rapport si discordantes qu'il ne saurait vivre. Car pour se conserver en vie, il faut au corps humain un centre d'organisme, et il n'y en a pas ici. Ce que j'y entrevois pourtant de plus saillant, c'est un carac-

tère bon, aimable, tant que rien ne le contrarie ; mais faible, pas-
sionné, irascible et mobile comme celui des femmes et des enfants.
Loin que cet homme pût réformer le genre humain, il n'aurait pas
abattu une idole à Athènes, encore moins à Rome. Vous placez le
secret de sa force, non dans une supériorité de raison qui lui manque,
mais dans le sentiment, dans le charme indéfinissable de son regard,
de son ton, de son geste, de sa figure. Il fallait donc qu'il changeât
le monde avant de mourir ou qu'il y renonçât pour toujours. Car
comment voulez-vous qu'il ait communiqué à ses disciples ce qu'il y
a de plus personnel et de plus incommunicable ?

On nous menace pourtant d'un nouveau chant prêt à paraître,
et qui sera le couronnement du premier. Tant pis pour le poëte. Car,
ou le rôle personnel de Jésus recommencera après sa mort, par la
conquête de l'univers, et ce sera un démenti donné au premier volume où l'on a pris grand soin de nous dire qu'il était fini, et de
sceller la pierre de son sépulcre ; ou bien ce rôle personnel ne paraî-
tra plus, et cette magnifique conquête de l'univers qui ne se montre
pas même en germe dans sa biographie, à laquelle rien ne nous a pré-
parés, sinon des mots vides et des phrases sonores, pas une institu-
tion sérieuse, ni dogme, ni culte, ni sacerdoce, sera l'œuvre des disciples et non du maître. Elle sera peut-être l'œuvre de saint Paul, qui
ne fut pas même le disciple de Jésus vivant sur la terre, mais pendant un temps son ardent persécuteur. Ce sera encore un démenti
donné au premier volume, et l'auteur nous épargnera la peine de
prendre la plume pour le réfuter.

L'esprit qu'on veut avoir gâte celui qu'on a.


Le Hir.


Paris. — Imprimerie de V. GOUPY et Cᵉ, rue Garancière, 5.